Frank Freimuth

Aus meinem Garten

Gedichte

tredition

© 2018 Frank Freimuth

Verlag und Druck:
tredition GmbH, Halenreie 40-44, 22359 Hamburg

ISBN
Paperback   978-3-7469-1709-2
Hardcover   978-3-7469-1710-8
e-Book   978-3-7469-1711-5

Prolog

Geschichten will ich dir erzählen,
die uns an viele Orte führen,
will dich und mich im Geist vermählen,
will dich mit Wort und Klang berühren.

All das, was ich dir schrieb, war einmal mein,
der Sinn, den du erliest, ist gänzlich dein.

Rosen

DIE LIEBE – EIN TRAUM *

Am ersten Tag schon nahmst du mich gefangen,
besetzt mich seither Tag und Nacht,
und wenn ich dich nur einmal nicht erträume,
machst du aus meinen Schlaf zermürbte Wacht.

Im Traum hab ich dich tausendmal geküsst,
zärtlich liebkost und viel gewagt;
dein Blick verriet mir, dass du glücklich bist,
dein Mund hat mir Unsagbares gesagt.

So sehr ist jede Nacht um dich gewebt,
so sehr ist mein Dich-Träumen eingeübt,
dass mich dein Anblick ohne Halt durchschwebt,
und mir die Ahnung sagt, ich habe dich zerliebt,
zerliebt zu einem Kunterbunt von Schemen
im Tanze um ein Du, das es nicht gibt.

* für R.D.

JEDEN ABEND

Jeden Abend, jeden Morgen
Sehe ich dein Bild mir an,
Sehe Schönheit und, verborgen,
Was nur ich drin lesen kann.

DEIN LÄCHELN

Manchmal fühl ich mich bescheiden,
deprimiert und ohne Mut,
doch dann sehe ich dein Lächeln,
und ich weiß, der Tag wird gut.

FLUGANGST

Wenn du nun in die Ferne fliegst
und nicht mehr meine Welt verbiegst,
wird alles, wie es schon mal war,
und was ich tu zu sonnenklar.

DER REGEN

Es war schon weit nach Mitternacht,
der Regen prasselte wild,
da bin vom Lärm ich aufgewacht
und malte mir dein Bild.

DU LIEBST NUR MICH

Du liebst nur mich, das sagst du Tag und Nacht,
doch jedes Mal, wenn ich dich lieben wollte,
war ich nicht der, der ich dir werden sollte.
Bin ich dereinst das Bild, das du erdacht?

MESSAGES

Gestern kam ein Herzchen
und heute ein Gesicht,
er fühlte sich gehalten
so warm wie ein Gericht

Nach einem Bild wie von Hopper

Als ich die Bar betrat, gelockt vom Lichterschein,
um noch ein Bad zu nehmen in Stimmen und Gesichtern,
saß sie allein am Tisch vor einem Wein,
zurückgelehnt, abseits von grellen Lichtern.

Sie war nicht jung, nicht alt, mit vollen Lippen,
rot leuchtend angemalt im länglichen Gesicht;
am hochgeschlagenen Bein ein leichtes Wippen,
und mit der Ruhe, die für Gleichmut spricht.

Sie war mir fremd, doch irgendwie auch nicht,
vertraut wie jemand, den man ewig lang nicht sah,
mit dem man trotzdem über alles spricht,
der lange weg war und doch immer da.

Vergeblich, meine Neugier zu verstecken,
denn sie erspürte mich und wandte sich zu mir;
und als die klugen Augen mich ergriffen;
war mir, als stünde ich entblößt vor ihr.

Ihr Blick begann in mich zu tauchen,
so tief hinab, dass ich ihn spürte,
als er das lang Versteckte fand
und es mit sanfter Hand berührte.

Ich ging zu ihr, entlang an diesem Blick,
als wäre er ein unsichtbarer Strick.

DER WILDE TRAUM

Wenn wir uns wiedersehen,
nach ewiglanger Zeit,
will ich dich endlos küssen,
mit großer Zärtlichkeit.

Der wilde Traum, gewoben
in der Enthaltsamkeit,
er wird nur noch verschoben
um einer Stunde Zeit.

DIE WAHRHEIT ÜBER MICH

Die Wahrheit über dich sag' ich dir offen,
so meinte sie, als wir uns wieder stritten.
Ein großes Wort – ich wollte es nicht hoffen -
Wer will schon Wahrheit über sich erbitten?
Doch hat, was sie dann sagte, nichts geändert,
Es war nur ihre Meinung, und die war unverändert.

DER LIEBSTE MENSCH

„Du wirst für mich", so sagt sie bald, „der liebste Mensch
      auf Erden,
Es fehlt nur noch, dass du es wünschst, so wie ich will
      zu werden".
So sehr begehr ich sie, mit Seele, Herz und Pimmel,
Dass ich statt Wolken Sonne seh am dunklen Winterhimmel.

Von da an wird ihr Wollen zu meinem einzigen Gott,
Mein Handeln folgt nur ihrem Wunsch, und sei er
      Hü und Hott,
Mein Kopf, befreit von jeder Last, wird bald zu einer Hülle.
Sie zuckt nur mit den Achseln – und wirft mich auf die Gülle.

MANCHMAL

Manchmal denk' ich, es ist gut,
manchmal verliere ich den Mut,
weiß oft nicht, woran ich bin,
frage mich dann nach dem Sinn,
suche Zeichen, an der Wand,
seh dein Gesicht dort, eingebrannt.

ZU SPÄT

Das Flugzeug, das da oben quert,
es könnte gut das deine sein;
gern möcht ich das, was ich verwehrt
nun lauthals in den Himmel schrein.

VERSCHNUPFTE LYRIK

Ständig läuft sie, diese Nase,
ohne Pause läuft sie mir.
Lieber liefen mir die Füße,
auf dem Wege hin zu dir.

IM HOTEL

Im tiefen Sessel sitze ich,
trinke Wein, vermisse dich.
Die Einsamkeit, sie wird noch schlimmer
durchs leere Bett in meinem Zimmer.

DIE LÖWIN

Geschmeidig geht sie auf und ab
mit wissendem, hungrigem Blick;
was wäre, wenn sie mich verschlänge,
und wie, wenn dies danach gelänge,
wäre dann mein Blick zurück?

Fränkische Blumen

IM ALTEN BLOCK

Rostrot und schön verputzt sind alle Häuser,
verschwunden sind Ruine und der Wein,
auf Stahlgestellen thronen nun Balkone -
kann dies dieselbe Straße sein?

Doch ja, ich kenne diese stille Straße,
nur scheinbar gleichen sich die Häuser bis aufs Haar,
Es zeigt mir jedes seinen Leib und seine Seele,
denn ich weiß vieles was da ist und war.

Ich sehe noch Herrn Leupold auf der Straße,
wie er tagtäglich seinem Käfer Glanz verlieh,
ich seh uns Kinder rudernd durch den Keller
auf Wasser, das heraufstieg bis zum Knie.

Vier kleine dunkle Zimmer und kein Bad,
die Enge legte sich uns schwer auf das Gemüt,
ein kleiner Trost, wenn in den Gärten
die Bohnen sprießen und ein Birnbaum blüht.

Ich höre Oma mit der Mutter streiten,
sie sei dabei, die Kinder maßlos zu verwöhnen;
ich spür mich zwecklos suchen nach den Worten,
geeignet, die sich hassen zu versöhnen.

Ich seh mich auf dem Weg zum Kindergarten -
das Haus steht heute noch, den Hort gibt es nicht mehr,
ich sehe Tante Ruth dort auf mich warten,
so wie ein Rettungsschiff im weiten Meer.

JOHANNISFRIEDHOF, NÜRNBERG

Ruhe, Heiterkeit und Frieden
war, was der milde Morgen mir bescherte,
als ich zum altbekannten Ort der Kindheit
auf ungezielter Suche wiederkehrte.

Es war das erste Mal nach vierzig Jahren,
dass ich mich wieder hier befand,
wo viele Ruhmbedeckte traumlos schlafen
im nahen und doch weit entfernten Land.

Von neuem sah ich Rosen auf den Gräbern,
aus Schalen wachsend über moosbegrüntem Stein,
und Eisentafeln knapp darunter,
still sprechend vom vergangenen Sein,

die schlanke Birke, vielleicht so alt wie ich,
ihr zartes Grün geliebt vom Rot der Rosen,
mit langen Zweigen, gebeugt, herab aufs alte Grab,
als ob gewillt, den der hier liegt zu kosen.

Ich machte mir die Zärtlichkeit zu Eigen
und fühlte mit der Hand den rauen Stein -
Soll mir das heitere Bild den Fluchtweg zeigen,
ist hier mein Platz für Seele und Gebein?

Die Heiterkeit, die diesen Traum bewirkte,
sie übte Nachsicht und hat ihn bald verbannt,
und vorerst fand ich Frieden in dem Anblick
der Spuren, die ich ließ im weißen Sand.

ST. JOHN'S CEMETERY, NUREMBERG

Silence, serenity and peace
lay there before my curious eyes
when I, a nosy tourist on my own,
had crossed the entrance made of stone.

This was the first time after forty years
I was to see again this peerless scene
where so much famous folks are sleeping
till someone might them wake from dream.

Once more I saw the roses on the graves,
a bowl of them on every weathered tomb,
and iron epitaphs beneath,
low speaking till the day of doom.

I saw a birch tree at about my age,
its tender green in love with roses' red,
and branches weeping down on to an ancient stone
caressing him who took this final home.

Out of the graveyard's serene grace
there came this vision to my sight:
why stay at my own dark and cheerless place
when here so lovely housing was supplied?

Serenity, which had made me have this dream,
was also what it put to end,
and I was lastly content with me seeing
my footprints in the graveyard's sand.

Alte Bäume

DER SCHMALE PFAD

Sein Anfang ist nicht weit von meinem Haus,
ein schmaler Pfad, der durch die Wiese führt,
vorbei an weit verstreuten Büschen,
zu einem Abhang hin, wo ihn das Auge dann verliert.

Unendlich zärtlich windet er sich durch das Gras,
nicht schnurgerade, sondern stets gewunden,
vorbei an Mulden und an Hügeln, so unbedeutend,
dass nur durch Spüren aufgefunden.

Kein Künstler könnte sich erdenken,
was Füße hier jahrzehntelang erschritten,
kein Maler könnte Striche ziehen
mit Fransen wie aus abertausend Tritten.

Wie oft schon gingen Menschen hier entlang,
die Nachbarn, Fremde, meine Frau und ich.
Auch heute werden sich die alten Füße plagen,
So lässt die Einsamkeit sich gut ertragen.

DRAUßEN

Ich war schon draußen auf dem Weg zum Auto,
da sah mich dann der Pfleger und wartete auf mich,
so dass ich noch mit ihm ein wenig plauschte,
nur dies und das, und selbstverständlich über dich.

Ich sah, dass du am Fenster standst
und dass dein Blick sich an uns Sprechenden verfing;
ich winkte dir mal zwischendurch,
und dann noch einmal, als ich endlich ging.

Beim nächsten Mal warst du ganz Vorwurf:
ich hätte nur den Pfleger aufgesucht, nicht dich,
dass du so lang gewartet hättest,
auf einen Sohn, der nicht mal mit dir spricht.

Ein Jahr davor wär ich im Tal versunken,
doch man gewöhnt sich schnell an das was ist,
weiß dann zu schätzen, was man Gutes findet,
in diesem Fall: du hattest mich erkannt.

WIR REDEN

Wir reden stets von alten Zeiten,
von Paps, von Heinz und auch vom Teddybär,
wir teilen diese Welt für halbe Stunden,
doch jeden Tag verliere ich dich mehr.

IMMER KLEINER

Er wurde immer kleiner
in seiner Schweigsamkeit,
dann war er ganz verschwunden,
gefallen aus der Zeit.

DIE BLUME

Die Zeit war ihm schon weit voraus,
als er im Wald die Blume fand;
er kehrte jeden Tag zurück
und sprach zu ihr am Wegesrand.

DAS KLEINE KREUZ

Das kleine Kreuz inmitten der Termine
mit deinem Namen und dem Datum dran,
erinnert mich, wie es zu Ende ging,
und sagt doch nichts darüber, wann
und wie sich deine Welt im Niemandsland verfing,
ob dort ein Teil davon zu blauem Eis gefror
und ob ich dich deshalb noch mehr verlor.

DER ALTE BAUM

Am alten Baum, den ich am Rand der Wiese finde,
lass ich die letzten Äpfel, die ihm blieben;
ich streiche zärtlich über seine Rinde
und freue mich, dass ihn auch Vögel lieben.

EINES TAGES

Der alte Baum im Hinterhof,
er geizte mit den Früchten und trotzte so der Zeit,
doch streckte er die Äste nach der Sonne
und eines Tages war es dann soweit.

AM FENSTER

Die hübsche Polin hat ihn hingeschoben
ans Fenster, weil die Straße bebt,
sein Blick ist starr nach vorn gerichtet
und keiner weiß, wo er jetzt lebt.

DAS GRÜNE UNTERKLEID

Zu Fuß, wie oft, so schüchtern wie ich war,
mit fünfzehn und noch viele Jahre später,
die Leute scheuend in der Straßenbahn,
war ich zum Sportplatz unterwegs,
um zigmal in der Bahn zu kreisen,
mit meinem Denken und mit mir allein.

Und dann: die Frau, gelockt, im grünen Unterkleid,
im Erdgeschoss, das offene Fenster gab mir freie Sicht,
die großen Brüste gewölbt vom Büstenhalter,
und sie war älter, dreimal so alt wie ich.

Als ihre Augen, warm und ernst und wissend,
auf meine trafen und darin verharrten,
sah ich, erschüttert wie von einem Beben,
das blind ersehnte Unbekannte auf mich warten.

Ich rede mir oft ein, sie hätte nicht geöffnet,
doch weiß ich auch, es ist nicht wahr,
und wenn es doch so wäre, hätte ich's ertragen,
vielleicht schon ahnend, dass dies besser sei,
als sechzig Jahre später zu bedauern:
ich ging an diesem Glück vorbei.

DAMALS, AM SCHEIDEWEG

Da war kein Wort für das, was er empfand,
Begierde? Nein, das reichte nicht,
und wenn schon, dann war er das Ziel, das Lied
beim Spielen zum abnormen Tanz der Gier.

Es war zwar nicht zum ersten Mal,
dass jemand ihn mit Macht begehrte,
doch dieses Mal war alles anders,
war er erfüllt von einem Sehnen;
das ihn durchdrang vom Schritt bis hin zur Brust,
das an ihm zog und schob und zog
so wie ein wildes, ungestümes Wesen,
zu nie geahnter, nie geträumter Lust.

Sie war ganz nahe, die Erlösung,
und sie zu fliehen dumpfer Frust;
doch würde er sich sein Erleben
danach in Nüchternheit vergeben?

IM STADTPARK

Zwei Syrer schlüpfen kopfgeneigt in ihre Handys,
die junge Frau macht Selfies mit dem Stick,
ein alter Mann ertastet sich die Bank
und schaut zurück mit leerem Blick.

YES, I'M OLD

Yes, I'm old and my hair is almost grey,
But there's still love around
and I have always found:
Green grass is good, but not as good as hay.

DER KREISEL

Schnell wie ein Kreisel dreht sich um mich die Welt
und alles wird verwischt zu weißem Dunst;
wenn der sich lichtet und der Kreisel fällt,
erweist mir dann die Wahrheit ihre Gunst?

MEIN FRÜHLING

Es war fast Winter und ich dachte,
jetzt würden Dach und Garten weiß,
die Schritte kleiner und ganz sachte,
die Füße klamm und kalt wie Eis.

Doch Winter säumte; die pralle Sonne ließ
die Zweige eines Strauchs mit Blüten krönen,
die Wolke weichen, die mir Frost verhieß,
und meinen Tag sich mit dem Traum versöhnen.

Ich darf nicht glauben, Frühling werde bleiben,
besteht doch Winter auf den alten Rechten,
will meinen Frühling ungerührt vertreiben
und Kälte bringen nach so warmen Nächten.

Noch ist nicht Winter, doch bald bricht er herein;
lasst ihn noch bleiben, den letzten Sonnenschein.

Früchte, süß und sauer

DIE ZEIT IST GNÄDIG

Die Zeit ist gnädig. Der Donner ist verhallt,
die bittere Kälte wärmt uns jetzt wie milde Glut,
ein Beinbruch wiegt nicht mehr als ein gestauchter Fuß
und Steinschlag einst verleiht uns heute Mut.

Die Zeit ist gnädig. Was bitter war, verblasst;
das Liebgewesene wird starkgeträumt
und lässt du zu, dass dich die Götter lieben,
so wird der Schmerz von einst dir noch ein guter Freund.

Wir haben Glück gehabt und Damals überstanden;
wenn wir es wieder lebten, dann mit anderem Blick,
doch wie schon einmal schriebe uns danach die Zeit
betagtes Glückgehabt aufs Konto Glück.

EX LIBRIS

Im dicken Mantel bist du angekommen,
als bräuchtest du vor meiner Liebe Schutz;
ich habe ihn gleich abgenommen
und drückte dich ganz fest an meine Brust.

Du warst, nach schwer beherrschtem Warten,
für meine lang gezähmte Lust bereit,
und ich strich dir, dort wo du rund bist,
mit sanften Händen übers Leinenkleid.

Von dem, was kam, mag ich nichts missen;
ich ließ mich gänzlich von dir leiten,
vertraute auf dein tiefes Wissen
und las aus dir, auch die geheimsten Seiten.

WIEDERGEBORENE SCHÖNHEIT

Sie war mir unbekannt, das sah ich schon,
und dass sie alt war, sah ich auch;
sie ging gestützt auf Walking-Stöcke,
die Füße schleifend unter wenig Bauch.

Als sie auf meiner Höhe war,
und ich sie grüßte, sanft und leise,
hob sie den Kopf und gab den Gruß zurück
und lächelte auf ganz besondere Weise.

Ich sah mit einem Schlag die Schönheit
der jungen Frau in dem Gesicht;
es waren fünfzig Jahre, die verschwanden;
ich schwöre, vorher sah man's nicht.

SPRACHPOLIZEI

Sie wissen ganz genau, wie alle reden sollen,
und haben selbst die Wörter hergestellt;
Wenn du nicht so sprichst, wie sie wollen,
wirst du geächtet oder ausgebellt.

Dass du die Hässlichkeit umarmst, ist wichtig,
denn dadurch beugst du auch dein Haupt,
die Schönheit zu umarmen wäre nichtig,
denn damit zeigt doch niemand, dass er glaubt.

Sie haben stets das Gute im Tornister,
die Wahrheit sowieso, und das in einem fort,
sie zweifeln nie und kennen keine Gnade,
sie tilgen Schlechtes, und das zuerst im Wort.

Wer kann schon aus, wenn es ums Gute geht,
und bald stößt dir der Wortwahn nicht mehr auf,
doch, glaube mir, es wird nicht lange dauern,
dann zieht das nächste Wahrheitswort herauf.

STEUERMANN, HALT DIE WACHT!

So wie der kleine Kegel, der nur des Eisbergs Spitze ist,
Und der das Schiff versenkt, welches das Meer durchmisst,
so birgt ein Wort, leicht hingesagt im Schnellen,
manchmal ein Ungetüm, das sich entblößt mit grausem Bellen.
Das Monster ist gebaut aus unerfüllten Träumen,
aus unbedachtem Tun und achtlosem Versäumen.

HERBST

Ich stehe müßig unter goldgefärbten Blättern,
derweil die Amsel emsig Laub durchsucht,
durch halb entblößte Bäume dringt die Sonne
und ich denk mir mit herbstgedämpfter Wonne:
Blüten sind schön, doch besser schmeckt die Frucht.

ABENTEUER

Es ist schon spät, nicht mal zur Hälfte oben,
keuchend dahingeschleppt seit was weiß ich,
auf steilen Stufen Stöcke ohne Sinn getragen -
Er weit voraus und halb so alt wie ich.

Das Blut pocht wild in meinen Adern,
der Fels ist brüchig, und das ohne Seil; -
Er wartet ab und zu auf einem Stein;
bei gleichem Weg ist meiner doppelt steil.

Der Abstieg ist dann nur noch Qual,
Gelenke schmerzen und die Zehen,
mein Geist ist stumpf und halb entschlafen,
und drängt doch stets zum Weitergehen.

Der Schmerz wird bald vergessen sein,
auch die Gefahr verblasst, sobald sie ruht;
der Rest verbleibt auf unseren Konten,
Und mit der Zeit verzinst sich unser Gut

SEMINAR

Der kleine Fleck weitab der Stadt,
gewählt, weil man sich dort viel stärker plagt,
entpuppte sich, in dieser langen Woche,
als Ort erbarmenswerter Jagd.

Sie war ein wenig scheu und drängte nicht nach vorne,
gepflegtes, dunkles Haar um längliches Gesicht;
sie lächelte durchaus bei vielen Späßen,
lauthalses Lachen aber sah man nicht.

Er hatte sie am ersten Tag schon auf der Kimme,
und setzte sich platztauschend Knie an Knie,
und wenn sie auch nicht freudig überschäumte,
so goss er doch den Schwall der Worte über sie.

Sein ganzer Körper sagte ständig nur „ich will",
die Augen fügten an „du kommst nicht aus";
die kleine Frau, sie wurde immer stiller,
und schließlich schlichen sie hinaus.

Zum Frühstück kamen sie gemeinsam,
sie ging errötet lächelnd hinter ihm,
und schamlos grinsend führte er die Beute
in die verlegen-stille Meute.

HANDWERKSZEUG

Das Meter, das ein Dichter zückt,
ist dem Handwerksmann entrückt;
wenn Lehrer trocken Syntax kneten,
erfasst ein Schaudern die Poeten,
und sie verzichten mit Bedacht
worauf ein Tor den Reim sich macht.

EIN GUTES GEDICHT

Wenn du den Eindruck hast,
es würden Elfen singen,
wenn du ganz sicher bist,
es kann nicht besser klingen,
wenn dir gelingt, es anzusehen
ohne Ausbruch deiner Wehen,
wenn du es liest ganz ohne Pein,
dann kann es auch nicht wertvoll sein.

SO LEICHT DAHIN

So leicht dahin fließt das Gespräch,
doch jedes Wort aus deinem Mund,
so harmlos es erscheinen mag,
kommt hoch vom tiefen, dunklen Grund.

UNVERSTANDEN

Er fühlte sich verstanden
und doch auch wieder nicht;
es war, wie wenn vom Bande
die Stimme tonlos spricht.

EBEN NOCH

Eben noch flog ich so hoch am Himmel
und dachte mir, dass ich ein Glückskind bin.
Nun reite ich den alten, lahmen Schimmel
und frage mich: wo trabt er hin?

NN

Er war bei uns im Sportverein,
doch seinen Namen habe ich vergessen;
Nie führte er das große Wort
und war auch nicht auf Glanz versessen.

Doch ich erinnere jenen Tag,
als er todschick durch unsere Straßen ging,
er, dem doch nie an Aufputz lag,
der selten unsere Blicke fing.

So ging das dann für kurze Zeit,
bis er urplötzlich ganz verschwand.
Auf meine Frage hörte ich: schon lang
war er ganz fest in Todes Hand.

DER KANNIBALE

Er will dein Auto,
und auch dein Haus,
er will deinen Garten
mit Katze und Maus.

Er will deine Kinder,
so wohlerzogen,
und vor allem die Frau,
sie sei ihm gewogen.

Er will deinen Job,
deine Reputation,
er will dein Gesangbuch
von der Konfirmation.

Er nimmt dir alles,
gibt nichts zurück,
er hat was du hattest,
das nennt er Glück.

IM VORÜBERGEHEN

Ein Lächeln im Vorübergehen
von einer Frau, die ich nicht kannte,
ließ mich sogleich die Sonne sehen,
obwohl sie im Verborgenen brannte.

Sie wärmte mich noch viele Stunden,
bevor sie anfing, sich zu senken.
Etwas beschämt hab ich befunden:
Es ist so einfach, Glück zu schenken

POESIELESUNG

Und immer wieder muss ich die Augen schließen
wie nach zwölf langen Stunden im Büro;
Ich möchte mich so gern von hier verdrücken
und etwas trinken, in einer Kneipe irgendwo.

Wie soll ich das verstehen, wenn schon der Satz davor,
und auch der vor dem Satz davor und alle anderen auch,
so unverständlich waren, dass ich den Überblick verlor
und sich die Wörter drehen wie Most in meinem Bauch.

Wie sollen mir die Beine nicht erstarren,
wenn dieses Wortgebräu mir zufließt wie ein Brei,
wenn alle Wörter in demselben Ton verharren
und dann betrübt verschmelzen zu tristem Einerlei?

Du sollst uns sanft im Rhythmus deiner Worte wiegen;
zum Besten geben, was uns zum Lachen führt,
sollst uns bereimen, auf dass Gedanken fliegen;
für uns erdichten, was unser Herz berührt.

LEAR

Du armer, alter Mann, das hast du nun davon,
die Tochter, die du liebtest, ist verloren
und auch der Freund ist tot,
er, der so blind gewesen war, wie du es warst,
und der am Ende wieder blind
von dem geleitet wurde, den er niemals sah.

Sag bitte nicht, man habe dich betrogen
und was passierte sei nicht deine Schuld.
Du hast den Mensch im Menschen nicht gesehen,
du warst so gerne blind in Schmeichelei und Huld.

Ein echter Freund belehrte dich beizeiten,
du kämest ab vom Weg der Wahrheit und des Glücks,
und selbst ein Narr warf dir die Narrheit vor
dem ungetreuen Herrn - dem, der das Maß verlor.

DIE SPUR

Die Spur im Schnee; hier kämpfte er,
gestützt auf Stöcke, keuchend und allein,
bald wird es Frühling und die Spur
wird kurz darauf verschwunden sein.

DURST

Und immer wieder dieser Durst,
du gießt und gießt, um ihr das Glas zu füllen
und eines Tages wird dir klar:
du wirst doch niemals ihre Sehnsucht stillen.

Unkraut

DER HASE

Neulich sah ich einen Hasen
fliegen in der Vögel Schar
und ich konnte es kaum fassen,
dass schon wieder Ostern war.
Wehmut macht' sich in mir breit:
Ach, wie schnell vergeht die Zeit!

ALLMÄCHTIGER DICHTER

Weil jedermann nach Versen schreit
Bin ich als Dichter stets bereit.
Mag manches dir ein Rätsel sein,
ich mach darauf mir einen Reim.
Vom ollen Shakespeare bis zu Simmel,
von Haares Spitze bis zum Pimmel,
von Lappersdorf bis an die Schären,
kann ich die ganze Welt erklären.

HERR L. UND DIE BIRKENPELLETS

Herr L. verpflanzte einst drei Birken
vom Heideland an seinen Zaun;
nun stehen täglich er und seine Liebste
am Fenster, um die Schönen anzuschaun.

Wie freuen sich der Birken ihre Seelen,
wie pocht das Herz bei süßem Tun,
wie perlt der Wein in ihren Kehlen,
wenn sie im Birkenschatten ruhn.

Doch ach, der Winter kommt, und er ist bitter,
Väterchen Frost lässt ihre Lieb gefrieren,
die Mutter Erde zeigt sich als ein Zwitter,
und eisig Wind zieht heftig um die Nieren.

Was nützen wunderschöne Bäume,
wenn jeder Atemzug zu weißem Dunst gefriert,
und jede nicht geschlossene Tür
nur Schüttelfrost und Ohrenschmerz gebiert!

Herr L. lässt schließlich alle Birken
bis auf den Stumpf zusammensägen,
und, weil die viel mehr wärmend wirken,
zu dicken braunen Pellets prägen.

Nun sitzt er stundenlang im warmen Raum,
das Herz ist leer und doch so schwer,
der Liebsten Kuss ist nur noch Traum,
und auch die Birken sind nicht mehr.

DER MOPS

Ganz brav an ihrer Seite
ging stets der kleine Mops;
den hielt sie an der Leine
aus Angst, er ginge hops.

DIE MEERJUNGFRAUEN

Jeden Tag im Morgengrauen
folg ich dem Tanz der Meerjungfrauen,
doch zur Paarung kommt es nimmer,
denn ich bin ein schlechter Schwimmer.

MORGENGRAUEN

Manchmal hab ich große Sorgen
und dann graut es mir am Morgen,
doch am Abend dämmert mir:
am besten hülfe jetzt ein Bier.

KLEINES WÜRSTCHEN

Lad ich dich auf ein Würstchen ein,
sagst du mir gleich, es sei zu klein;
doch kleine Würstchen werden groß -
und wieder klein - das ist ihr Los.

SCHLECHTER WEIN

Einst waren wir bei schlechtem Weine
innig vereint in großem Glück.
Trink ich heute solche Weine,
Kehrt das Glück mir prompt zurück.

BRILLENSCHLANGEN

Wolln dich die Schlangen mit den Brillen
verschlingen gegen deinen Willen,
dann nimm sofort die Brillen ab
und laufe fort in schnellem Trab.

FEBRUAR

Als Monat gibt er nicht viel her,
man hätte gern der Tage mehr,
doch neulich, als ich mit offenem Latz
Der Liebsten zeigte meinen Schatz,
das Staunen so gering nicht war,
ist er doch lang wie Februar.

DAS ELFTE GEBOT

Ich küsste sie in Träumen,
doch fand nicht Schrift und Ton;
das Schicksal straft mein Säumen,
denn nun ist sie davon.

ÖFFENTLICHER NAHVERKEHR

Meinen Bus darf ich nicht missen,
denn der Fahrer will mich küssen,
und springt die Ampel erst auf grün,
dann wird mein kleiner Fahrer kühn:
Er nimmt mich feste in den Arm
und mir wird dabei richtig warm.
In ausgebleichten Quietschesitzen
kommen wir dann sehr ins Schwitzen.

Glaubt mir, mein Leben wäre schwer
ohne diesen Nahverkehr.

SCHMOLLEN

Es war ein fürchterliches Schmollen,
er hatte sie erwürgen wollen,
sie dagegen hielt vonnöten,
durch starke Gifte ihn zu töten.

Doch macht das alles wirklich Sinn?
Am Ende wären beide hin!

SCHWEINELIEBE

Wo Schweine miteinander suhlen,
da wird bald eins ums andere buhlen,
wo sie ihr Mahl hinunterschlunzen,
vernimmt man liebevolles Grunzen.

Die Frage ist, was liebestolle Schweine
So machen. Ist es nur das Eine?
Tun sie der Liebe Lieder singen
und pflegen sie den Tausch von Ringen?

Zudem möchten wir gern wissen:
Treffen Schweineschnauzen sich zum Küssen?
Um es zu wissen, hab ich Tag und Nacht
Ganz viele Schweine überwacht.

Als Ergebnis kann ich sagen
was Forscher nicht zu äußern wagen:
Ganz gleich, wes wir die Schweine zeihen
Sie wollen auch nur Schweinereien.

PROBLEMATISCHE LEKTÜRE

In der Stadt, beim Schnäppchenjagen,
traf ich den Freund aus alten Tagen,
den lieben Freund, damals so jung,
mit einem unzähmbaren Schwung.

Nun zierten tiefe Falten seine Stirne,
die Haare klebten fett auf seiner Birne,
nervöses Zucken ständig um den Mund,
die Augenlider zwinkernd ohne Grund.

„Mein lieber Freund, was ist mit dir geschehen?
Es tut unendlich leid, dich so zu sehen.
Ich bitte dich, lass es mich hören,
was kann ein Wesen so zerstören?"

Die Tränen rinnen wie ein Strom herunter,
ihm, der stets so lustig war und munter.
„Ein Buch war's, das zerstört mein Wesen.
Ich habe Heidegger gelesen!"

Zweifelnd blicke ich ihn an.
So zeigt sich allerschlimmster Wahn!
„Doch war nicht er allein es, den ich las.
Danach las ich den Habermas."

STRUDELNDE RUNDE

Sie saßen fröhlich in der Runde
und führten oft das Glas zum Munde;
der Wein, er strudelte im Schlunde
und zog sie tief hinab zum Grunde.

HILFE TUT NOT

Wenn ein Dichter dichten tut,
ist das weiß Gott nicht immer gut,
doch hilft ihm oft nach seiner Tat
der Musen wundervoller Rat.

AFRIKA

Sie wollte immer schon dorthin,
nun tat sie es, mit Fähre und mit Bus,
sie wandelte auf Märkten und durch Gassen,
erwarb ein schönes Kleid und einen Negerkuss.

FUßBALLWEISHEIT

Der Stürmer schießt nicht gern aufs Tor,
denn der Torwart steht davor,
doch wenn der Torwart Urlaub macht,
schießt der Stürmer, dass es kracht.

MALAGA

Wie ich aus ihrer Nachricht sah
war sie verreist nach Malaga;
sie fügte auch ein Herzchen bei
und schrieb, dass es das letzte sei.

EXIL

Nach zwanzig Jahren im Exil
dachte sie, das ist zu viel,
und holte ihn dorthin zurück,
wo sie den Armen einst verschickt.

FISHERMAN'S FRIEND

They'd sailed for an hour, maybe for two,
the fisherman and his friend,
when a storm arose, as bad as hell,
the ship swaying to and fro.

Then a huge wave came, born by the storm,
and the fisherman went by the board.
He cried and struggled, lost in the sea
as in a puddle struggles the worm.

Oh, my dearest mate, please help me fast,
lest my fucking life here ends!
The friend ran away and came back at last -
bringing fishermen's friends.

Ableger

EDNA ST. VINCENT MILLAY (1892 – 1950)

ERSTE FEIGE (FIRST FIG)

Mein Licht, es brennt an beiden Enden,
die Flamme, sie verzehrt mich schnell,
doch sag ich Freunden und auch Feinden:
der Kerze Schein ist herrlich hell.

ZWEITE FEIGE (SECOND FIG)

Diese Häuser, furchtbar hässlich, auf festem Fels mit
       sicherem Stand!
Komm mit und sieh Paläste funkeln, die ich gebaut auf
       losem Sand!

EDNA ST. VINCENT MILLAY

LIEBE IST NICHT ALLES (LOVE IS NOT ALL)

Nicht alles ist die Liebe, sie ist nicht Fleisch, nicht Trinken
kein Schlummern und kein Schutz vor Regen,
und auch kein treibend Brett dem Mann im Sinken,
der sinkt und steigt und wieder sinkt, dem Grund entgegen;
Sie kann verdickten Lungen nicht den Atem bringen,
das Blut nicht säubern, auch nicht flicken das Gebein,
doch mancher Mann will mit dem Tode ringen,
in diesem Augenblick, allein aus liebeslosem Sein.
Es könnte sein, dass ich in schlimmer Zeit,
von Schmerz erfüllt und hoffend nur auf Friede,
notleidend, und mit nichts, was mich befreit,
versucht sein könnte, zu tauschen deine Liebe
und die Erinnerung an diese Nacht für ein Gericht.
Es könnte sein. Doch glaube ich, ich tät es nicht.

EDNA ST. VINCENT MILLAY

BLAUBART (BLUEBEARD)

Nicht öffnen solltest du und doch hast du's getan;
So tritt nun ein und sieh, hier ist kein Schatz verborgen,
es ist nicht viel, was dich belohnt für deinen Wahn,
kein Kessel und kein wahrheitsspiegelnder Kristall,
nicht Frauen, abgemurkst aus Gier von deinesgleichen
und niemand, der sich krümmt aus lauter Pein,
nur was du siehst ... Schau dich nur um:
Ein leerer, spinnbewebter Raum, trostloser kann's nicht sein.
Und doch hab ich nur dies aus meinem Leben
verschwiegen, um mich nicht völlig wegzugeben.
Als du dich einschlichst nachts auf leisen Sohlen
hast du an Würde mir so viel gestohlen,
dass mir nicht möglich ist, dich weiter noch zu sehen.
Der Raum gehört nun dir. Ich werde gehen.

EDNA ST. VINCENT MILLAY

ANDENKEN (SOUVENIR)

Ein Regentag, nur wenig mehr,
mit dir im Turm, vom Wind durchweht,
und nichts davon bewegt mich sehr -
nur eine halbe Stunde zählt.

Genervt von denen, die vorüberzogen
uns grüßend von dem Aschenweg
bei jenem kahlen Brombeerbogen,
von lila Kreide dick belegt.
Ich weiß noch einiges von dem;
was du mir boshaft sagtest,
und dass der Mantel hässlich war,
den du zu tragen wagtest.

Ein Regentag, nur wenig mehr,
und ein Wort, das bitter klang;
wo kommt der Gedanke her,
dass mir ein Vogel Lieder sang?

SARA TEASDALE (1884 – 1933)

SCHÖNES, STOLZES MEER (BEAUTIFUL PROUD SEA)

Auf ewig unbeirrt, du schönes, stolzes Meer,
lachst glücklich du dein Tosen ganz allein,
wirfst Falten auf dir selbst, tanzt deinen Tanz
zu gleichem Teil auf Treibholz, Sand und Stein.

Du lässt uns glauben, Tod zu überdauern,
um deinetwillen für den Augenblick
uns brennen wie das Silber auf der Welle,
noch ungebrochen unterwegs in sein Geschick.

SARA TEASDALE

SCHUTZHAUS (REFUGE)

Von meines Geistes Unglückstag,
vom meines Pulses mattem Schlag,
von Hoffnungen, zersetzt zu Sand
und rinnend aus geschlossener Hand,
von meiner Fehler Sklaverei
wenn ich noch singe, bin ich frei.

Denn mit dem Singen baue ich
ein Schutzhaus für des Geistes Licht,
ein Haus von Wörtern, aufgereiht
für splittrige Unsterblichkeit

CHARLOTTE MEW (1869 – 1928)

A QUOI BON DIRE (A QUOI BON DIRE)

Vor siebzehn Jahren sagtest du Adieu,
ganz so, wie man zum Abschied spricht,
und nun denkt jeder, du seist tot -
nur ich alleine denk es nicht.

Und ich, von Tag zu Tag mehr steif und kalt,
muss eingestehen, dass vieles mir gebricht,
und jeder sieht, ich bin nun alt -
nur du alleine siehst es nicht

Und eines schönen Morgens in der Sonne
wenn zwei sich küssen und geloben
dass niemals andere solche Liebe fänden,
wirst du gelächelt haben, weit da oben,
und ich dein Haar liebkost mit meinen Händen.

LANGSTON HUGHES (1902 – 1967)

TRAUMVARIANTEN (DREAM VARIATIONS)

Die Arme weit öffnen,
dort, wo die Sonne mich blendet,
mich drehen und tanzen
bis der weiße Tag endet.
Dann ruhen am Abend,
hohe Bäume um mich,
wenn die Nacht zärtlich kommt,
dunkel wie ich -
das ist mein Traum.

Die Arme weit öffnen
der Sonne entgegen,
tanzen und drehen
bis die Strahlen vergehen.
Der blasse Abend,
schlanke Bäume um mich,
die Nacht, sie kommt sanft,
schwarz wie ich.

LANGSTON HUGHES

AUCH ICH SINGE AMERIKA (I, TOO, SING AMERICA)

Auch ich singe Amerika.

Ich bin der dunkle Bruder.
Zum Essen muss ich in die Küche
wenn Gäste kommen.
Aber ich lache
und werde stark.

Morgen
sitze ich auch am Tisch,
wenn Gäste kommen.
Niemand wird wagen,
zu mir zu sagen
„Iss in der Küche",
wenn es soweit ist.

Und außerdem
werden sie sehen, wie schön ich bin,
und sich schämen –

Auch ich bin Amerika.

LANGSTON HUGHES

TRÄUME (DREAMS)

Bewahre die Träume,
denn wenn sie versiegen,
brechen dem Vogel des Lebens die Schwingen
und er kann nicht mehr fliegen.
Bewahre die Träume,
denn, sind sie verloren,
ist Leben ein kahles Feld,
mit Schnee zugefroren.

ROBERT DESNOS (1900 -1945)

ICH HAB SO SEHR VON DIR GETRÄUMT (J'AI TANT RÊVÉ DE TOI)

Ich hab so sehr von dir geträumt, dass du die Wirklichkeit verlierst.

Ist es noch Zeit, diesen lebendigen Körper zu ertasten und auf diesem Mund die Stimme wach zu küssen, die mir teuer ist?

Ich hab so sehr von dir geträumt, dass meine Arme, gewohnt, beim Umarmen deines Schattens sich vor meiner Brust zu kreuzen, sich vielleicht nicht um deinen Körper legen ließen.

Und dass, angesichts der Wirklichkeit jener, die mich seit Jahr und Tag verfolgt und beherrscht, ich vielleicht ein Schatten würde.

Oh Gleichgewicht der Gefühle.

Ich hab so sehr von dir geträumt, dass es für ein Erwachen vielleicht zu spät ist. Ich träume im Stehen, mein Körper allen Erscheinungen des Lebens und der Liebe ausgesetzt, und du, die einzige, die heute für mich zählt, ich könnte weniger dein Gesicht und deine Lippen berühren als die erstbesten Lippen und das erstbeste Gesicht.

Ich hab so sehr von dir geträumt, so oft mit deinem Phantom gesprochen und geschlafen, dass mir vielleicht, und gerade deshalb, nichts anderes bleibt, als Phantom zu sein unter den Phantomen, und hundertmal mehr Schatten als der Schatten, der sich behände über die Sonnenuhr deines Lebens bewegt.

Verzeichnis der Gedichte

MIX

Papier | Fördert
gute Waldnutzung

FSC® C083411

Zeitfracht Medien GmbH
Ferdinand-Jühlke-Straße 7
99095 Erfurt, Deutschland
produktsicherheit@kolibri360.de